Inhalt

Beizulegender Wert - IASB legt einheitliche Regeln zur Berechnung vor

Kernthesen

Beitrag

Fallbeispiele

Weiterführende Literatur

Impressum

Beizulegender Wert - IASB legt einheitliche Regeln zur Berechnung vor

Annett Kaindl

Kernthesen

- Im Mai 2011 veröffentlichte das IASB den Standard IFRS 13 "Bewertung zum beizulegenden Zeitwert".
- Die bislang auf verschiedene Standards verstreuten Vorschriften zur Bilanzierung zum Fair Value fasst IFRS 13 zusammen.
- Die neuen Regeln schließen vorhandene Bilanzierungslücken und beseitigen bestehende Widersprüche.
- IFRS 13 soll die Fair-Value-Bilanzierung konkretisieren, nicht ausweiten oder

eindämmen.

Warum ein neuer Standard und damit verfolgte Ziele

Am 12. Mai 2011 publizierte das International Accounting Standards Board (IASB) den Bilanzierungsstandard IFRS 13 "Bewertung zum beizulegenden Zeitwert". Das Regelwerk gibt standardübergreifend einheitliche Bewertungsmaßstäbe für die Bewertung zum "beizulegenden Zeitwert" (Fair Value oder auch Marktwert) vor, indem unter anderem der Begriff definiert und dargestellt wird und die Methoden aufgeführt werden, die für die Bestimmung in Frage kommen.

IFRS 13 erweitert die im Zusammenhang mit einer Bewertung zum beizulegenden Zeitwert erforderlichen Anhangangaben.

Die bisherigen Rechnungslegungsvorschriften zum beizulegenden Zeitwert waren nach der Pleite der US-Investmentbank Lehman Brothers im Herbst 2008 in die Kritik geraten, als Marktpreise vielfach nicht existent waren oder stark schwankten, und die Emittenten gerade im Finanzsektor enorme Buchverluste erlitten. (1), (3), (4)

Das Prinzip des beizulegenden Zeitwerts hat sich bisher durch mehrere Bilanzierungsstandards gezogen. Die Anleitungen zur Handhabung waren mal mehr, mal weniger ausführlich. Das IASB hat mit IFRS 13 sämtliche Regelungen zur Fair-Value-Bewertung an zentraler Stelle zusammengeführt, dabei Lücken geschlossen und Widersprüche beseitigt. Das IASB verfolgte damit das Ziel, Klarheit darüber zu schaffen, wie der Fair Value zu ermitteln und wie darüber im Anhang zu berichten ist. IFRS 13 führt dazu, dass die Ermittlung der Fair Values einheitlicher erfolgt und dass die ermittelten Fair Values ausführlicher erläutert werden. Es geht nicht darum, die Fair-Value-Bilanzierung auszuweiten oder einzugrenzen. (1), (2), (3)

Den neuen Standard hat das IASB gemeinsam mit seinem amerikanischen Pendant, dem Financial Accounting Standards Board (FASB) entwickelt. Es wurde eine fast vollständige Konvergenz erreicht. (1) (3), (4)

Regelungen des neuen Standards im Überblick

IFRS 13 beinhaltet nur Vorschriften, wie zum Fair Value zu bewerten ist; nicht Inhalt des Standards sind Regelungen, was zum Fair Value zu bewerten ist.

Die neuen Regeln sollen erreichen, dass ein hiernach ermittelter Fair Value stets einen marktbasierten Wert darstellt, dem eine tatsächliche oder hypothetische Transaktion zugrunde liegt, die beliebige Marktteilnehmer unter gewöhnlichen Bedingungen abschließen (würden). So weit wie möglich sind beobachtbare Marktparameter einzubeziehen oder andernfalls Annahmen zu treffen beziehungsweise Schätzungen vorzunehmen, die denen beliebiger Marktteilnehmer entsprechen.

Dem Fair Value ist ein Referenzmarkt zugrunde zu legen. Hintergrund ist, dass einem Unternehmen immer mehrere Märkte zur Bestimmung des Marktwerts zur Verfügung stehen, aus denen einer auszuwählen ist. IFRS 13 legt fest, dass als Referenzmarkt der Hauptmarkt heranzuziehen ist. Fehlt ein Hauptmarkt, ist der vorteilhafteste Markt zu wählen. Dem Standard kann entnommen werden, welchen Kriterien der Referenzmarkt unterliegt beziehungsweise wie der vorteilhafteste Markt bestimmt werden kann.

IRS 13 erweitert die im Zusammenhang mit einer Bewertung zum beizulegenden Zeitwert erforderlichen Anhangangaben. So sind künftig die beizulegenden Zeitwerte sämtlicher zum Fair Value bewerteter Vermögenswerte und Schulden in Klassen einzuteilen, die unter anderem davon abhängen, welche Art von Bewertungsparametern in die Bewertung einfließen. Darüber hinaus sind die Verfahren, die für die Bestimmung des beizulegenden Zeitwerts angewendet wurden, konkret darzustellen. (2)

Nähere Erläuterung ausgewählter Bewertungssachverhalte-Bewertung von Vermögenswerten

Bei den Vermögenswerten erfolgt eine Unterscheidung in finanzielle und nicht-finanzielle. Bei nicht-finanziellen Vermögenswerten ist als Bewertungsprämisse zu unterstellen, dass der Fair

Value den Wert des bestmöglichen Nutzens darstellt, den ein beliebiger Marktteilnehmer aus der Verwendung oder Veräußerung dieses Vermögenswerts ziehen kann. (2)

- Bewertung von Schulden und eigenen Eigenkapitalinstrumenten

Bei der Bewertung finanzieller und nicht-finanzieller Schulden sowie eigener Eigenkapitalinstrumente gilt, dass von einer Übertragung auszugehen ist, wobei der Vertrag weder aufgelöst wird noch untergeht. Es tritt lediglich der Käufer als neuer Schuldner oder Anteilsinhaber in die Rechte und Pflichten ein. (2)

- Bewertung bestimmter Finanzinstrurmente

IFRS 13 enthält Ausnahmeregelungen zur Bewertung solcher Finanzinstrumente, die in Bezug auf Markt- bzw. Kreditrisiken auf Nettobasis gesteuert werden. Für diesen Fall ist deren Bewertung als Nettoposition oder Gruppe statt auf Einzelbasis erlaubt. (1), (2)

- Bewertung bei sinkender Marktaktivität

Während in den bisher anzuwendenden Rechnungslegungsvorschriften von "inaktiven Märkten" die Rede ist, bezieht sich IFRS 13 nunmehr auf "Märkte mit abnehmenden Marktaktivitäten oder -volumina". Zur Bestimmung, wann eine abnehmende Marktaktivität vorliegt, gibt IFRS 13 Indikatoren vor, zum Beispiel weniger Transaktionen, ansteigende Liquiditätsaufschläge beziehungsweise Geld-Brief-Spannen. Die Feststellung sinkender Marktaktivitäten rechtfertigt nicht die automatische Schlussfolgerung, dass eine Transaktion nicht marktgerecht beziehungsweise der Transaktionspreis kein Fair Value ist. Vielmehr ist letzteres erst noch zu überprüfen. Für diese Prüfung formuliert der Standard Indikatoren. Sobald die Feststellung getroffen wird, dass der Transaktionspreis keinen Fair Value darstellt, ist von diesem Transaktionspreis abzuweichen. Dabei kann entweder eine Preisanpassung vorgenommen oder ein abweichender Marktpreis von Dritten verwendet werden, gegebenenfalls sind anderweitige Marktpreisanpassungen vorzunehmen. (2)

Bewertungshierarchie, -methoden und -inputfaktorenDie Fair-Value-Bewertung ist in der Realität von unterschiedlicher Güte geprägt. Deshalb wurde in IFRS 13 eine dreistufige Fair-Value-Hierarchie verankert. Hierbei geht es um eine Abstufung der Fair-Value-

Bewertung nach deren Objektivität und zugleich deren Qualität. Es geht darum, die Fair-Value-Bewertung gemäß den vorgegebenen Methoden und jeweils zulässigen Bewertungsparametern vorzunehmen; daraus ergibt sich dann der jeweilige Hierarchielevel.

Die **Fair-Value-Bewertungsmethoden** geben vor, wie je nach Gegebenheit ein definitionsgerechter Fair Value ermittelt werden kann. Hierzu werden drei Methoden vorgestellt: Marktansatz, Kostenansatz und Ertragsansatz. Es ist zulässig, diese Methoden zu kombinieren.

Unabhängig davon, welche Methode angewendet wird, sind immer diverse **Bewertungsfaktoren** in die Modellbewertung einzubeziehen. Die Objektivität der einzelnen einbezogenen Bewertungsparameter ist entscheidend für die Güte beziehungsweise den Level der Fair-Value-Bewertung. Es werden zwei Klassen von Inputfaktoren unterschieden: beobachtbare und nicht-beobachtbare.

In IFRS 13 werden die einzelnen Hierarchielevel aufgeführt, und es wird erläutert, wie die Zuordnung der ermittelten Marktwerte auf die einzelnen Level vorzunehmen ist. (2)

Ausweitung der Angabepflichten im AnhangDie Fair-Value-Bewertung geht mit umfangreichen Angabepflichten einher. Die umfangreichsten Angaben sind für die Bilanzposten notwendig, die fortlaufend zum Marktwert zu bewerten sind. Es findet eine Differenzierung statt, ob die Fair-Value-Bewertung wiederkehrend ist oder einmalig beziehungsweise selten - letztere erfordert weniger Angaben. Insgesamt bestehen gewisse Freiheitsgrade, wie detailliert, wie

aggregiert, wie stark gewichtet die Anhangsangaben vorzunehmen und inwieweit quantitative Angaben um qualitative Erläuterungen anzureichern sind. Gleichwohl wird eine Mindest-Aufgliederung festgelegt.

Insgesamt bringt IFRS 13 einheitliche, aber in Summe umfassendere Angabepflichten als bisher mit sich. Nur wenige Angaben, zum Beispiel die Begründung der nicht-wiederkehrenden Fair-Value-Bewertung, sind gänzlich neu. (2)

Beurteilung der neuen RegelnIm Einzelfall bessere Fair Values wird es zukünftig wohl dadurch geben, dass die Regelungen zu deren Bewertung wenigere Regelungslücken als bisher aufweisen und nun für fast alle Sachverhalte klare Regeln

existieren.

IFRS 13 führt dennoch nur bedingt zu besseren Fair Values, denn letztlich können Fair Values nicht marktnäher, objektiver oder zuverlässiger - kurz: besser - sein, als es die Realität in Bezug auf die Vollkommenheit beziehungsweise Unvollkommenheit der Märkte und deren Preisbildung zulässt.

Die Ausführungen zur Bewertung bei sinkender Marktaktivität sind in IFRS 13 weitaus präziser und detaillierter als in den derzeitigen Vorschriften.

Die Bewertung von Finanzinstrumenten, die auf Nettobasis gesteuert werden, ist nunmehr klarer geregelt als bisher. Zudem sind mit IFRS 13 erstmals auch Bedingungen dieser (als Ausnahme deklarierten) Bewertungsvariante explizit formuliert.

Zwiespältig ist die Menge und Detaillierung der Angabepflichten zu würdigen: einerseits einheitlich und umfassend, also informativ, andererseits zu weitgehend und aufwändig, also unverhältnismäßig. (2)

Trends

IFRS 13 tritt für Berichtsperioden in Kraft, die am oder nach dem 1. Januar 2013 beginnen, wobei eine vorzeitige Anwendung zulässig ist. (2)

Mit den Änderungen, die IFRS 13 mit sich bringt, kommen auf die Anwender und die Investoren erhebliche Anforderungen zu. Allerdings sind Bilanzierungsvorschriften kein starres Regelungsgefüge, sondern müssen sich in einem komplexer werdenden Umfeld weiterentwickeln und auch aus Kritik Lehren ziehen. Nur so kann die Rechnungslegung die Erwartungen des Kapitalmarktes erfüllen und als Entscheidungsgrundlage dienen. (3)

Fallbeispiele

Marc Castedello, Head of Valuation Germany bei der Wirtschaftprüfungsgesellschaft KPMG, äußerte sich positiv darüber, dass sich IASB und FASB dieses Themas angenommen haben und befürwortete die Bemühungen beider Boards um die Vereinheitlichung der entsprechenden Regelungen. KPMG geht davon aus, dass die unter Anwendung von IFRS 13 bereitgestellten Informationen die Transparenz von IFRS-Abschlüssen erhöhen werden. (1)

Sir David Tweedie, der scheidende Vorsitzende des IASB, wertete den neuen Standard als "fundamental bedeutendes Element unserer gemeinsamen Antwort auf die globale Finanzkrise". Leslie Seidman, FASB-Chef, sprach von "einem weiteren positiven Schritt in Richtung auf das gemeinsame Ziel international einheitlicher Rechnungslegungsstandards". (4)

Weiterführende Literatur

(1) IASB konkretisiert Fair-Value-Regeln Der Bilanzrat und sein US-Pendant FASB legen gemeinsam Vorgaben zur Zeitwertbilanzierung vor
aus Börsen-Zeitung, 13.05.2011, Nummer 92, Seite 4

(2) IFRS 13 "Fair Value Measurement" - Was sich (nicht) ändert
aus Kapitalmarktorientierte Rechnungslegung, Heft 6 vom 1.6.2011, Seite 286 -

(3) Durchbruch: Erste globale Definition des Fair Value
aus Frankfurter Allgemeine Zeitung, 16.05.2011, Nr. 113, S. 12

(4) Schulterschluss bei wichtiger Bilanzregel Große Gremien legen einheitliche Standards zur Berechnung von Marktwerten vor // Umsetzung anderer Vorgaben stockt
aus Financial Times Deutschland vom 13.05.2011, Seite 19

Impressum

Beizulegender Wert - IASB legt einheitliche Regeln zur Berechnung vor

Bibliografische Information der deutschen Nationalbibliothek

Die Deutsche Nationalbibliothek verzeichnet diese Publikation in der deutschen Nationalbibliografie; detaillierte bibliografische Daten sind im Internet über http://dnb.d-nb.de abrufbar.

ISBN: 978-3-7379-1402-4

© 2015 GBI-Genios Deutsche Wirtschaftsdatenbank GmbH, Freischützstraße 96, 81927 München, www.genios.de

Alle Rechte vorbehalten. Dieses Werk ist einschließlich aller seiner Teile – z.B. Texte, Tabellen und Grafiken - urheberrechtlich geschützt. Jede Verwertung außerhalb der Grenzen des Urheberrechtsgesetzes bedarf der vorherigen Zustimmung des Verlags. Dies gilt insbesondere auch für auszugsweise Nachdrucke, fotomechanische

Vervielfältigungen (Fotokopie/Mikroskopie), Übersetzungen, Auswertungen durch Datenbanken oder ähnliche Einrichtungen und die Einspeicherung und Verarbeitung in elektronischen Systemen.